Lógica

Lógica
Abílio Rodrigues

FILOSOFIAS: O PRAZER DO PENSAR
Coleção dirigida por
Marilena Chaui e Juvenal Savian Filho

wmf **martinsfontes**
São Paulo 2019

Copyright © 2011, Editora WMF Martins Fontes Ltda.,
São Paulo, para a presente edição.

1ª edição 2011
2ª tiragem 2019

Acompanhamento editorial
Helena Guimarães Bittencourt
Revisões gráficas
Ana Maria de O. M. Barbosa
Maria Fernanda Alvares
Edição de arte
Katia Harumi Terasaka
Produção gráfica
Geraldo Alves
Paginação
Moacir Katsumi Matsusaki

Dados Internacionais de Catalogação na Publicação (CIP)
(Câmara Brasileira do Livro, SP, Brasil)

Rodrigues, Abílio
 Lógica / Abílio Rodrigues. – São Paulo : Editora WMF Martins
Fontes, 2011. – (Filosofias : o prazer do pensar / dirigida por
Marilena Chaui e Juvenal Savian Filho)

 ISBN 978-85-7827-393-4

 1. Filosofia 2. Lógica – Introduções I. Chaui, Marilena. II.
Savian Filho, Juvenal. III. Título. IV. Série.

11-02434	CDD-160

Índices para catálogo sistemático:
1. Lógica : Filosofia 160

Todos os direitos desta edição reservados à
Editora WMF Martins Fontes Ltda.
Rua Prof. Laerte Ramos de Carvalho, 133 01325.030 São Paulo SP Brasil
Tel. (11) 3293.8150 e-mail: info@wmfmartinsfontes.com.br
http://www.wmfmartinsfontes.com.br

SUMÁRIO

Apresentação • 7
Introdução • 9

1 Verdade, validade e forma lógica • 15
2 A lógica clássica • 26
3 Lógica ou lógicas? • 48

Exercitando a reflexão • 81
Dicas de viagem • 84

APRESENTAÇÃO
Marilena Chaui e Juvenal Savian Filho

O exercício do pensamento é algo muito prazeroso, e é com essa convicção que convidamos você a viajar conosco pelas reflexões de cada um dos volumes da coleção *Filosofias: o prazer do pensar*.

Atualmente, fala-se sempre que os exercícios físicos dão muito prazer. Quando o corpo está bem treinado, ele não apenas se sente bem com os exercícios, mas tem necessidade de continuar a repeti-los sempre. Nossa experiência é a mesma com o pensamento: uma vez habituados a refletir, nossa mente tem prazer em exercitar-se e quer expandir-se sempre mais. E com a vantagem de que o pensamento não é apenas uma atividade mental, mas envolve também o corpo. É o ser humano inteiro que reflete e tem o prazer do pensamento!

Essa é a experiência que desejamos partilhar com nossos leitores. Cada um dos volumes desta coleção foi concebido para auxiliá-lo a exercitar o seu pensar. Os temas foram cuidadosamente selecionados para abordar os tópicos mais importantes da reflexão filosófica atual, sempre conectados com a história do pensamento.

Assim, a coleção destina-se tanto àqueles que desejam iniciar-se nos caminhos das diferentes filosofias como àqueles que já estão habituados a eles e querem continuar o exercício da reflexão. E falamos de "filosofias", no plural, pois não há apenas uma forma de pensamento. Pelo contrário, há um caleidoscópio de cores filosóficas muito diferentes e intensas.

Ao mesmo tempo, esses volumes são também um material rico para o uso de professores e estudantes de Filosofia, pois estão inteiramente de acordo com as orientações curriculares do Ministério da Educação para o Ensino Médio e com as expectativas dos cursos básicos de Filosofia para as faculdades brasileiras. Os autores são especialistas reconhecidos em suas áreas, criativos e perspicazes, inteiramente preparados para os objetivos dessa viagem pelo país multifacetado das filosofias.

Seja bem-vindo e boa viagem!

INTRODUÇÃO

Não é incomum supor que a lógica é uma disciplina completa, finalizada. Uma disciplina similar à aritmética, cujas verdades não são questionadas. De fato, não parece muito plausível colocar em questão, por exemplo, se a soma de 2 e 3 é mesmo 5 ou analisar criticamente a afirmação de que 1 multiplicado por um número qualquer n dá como resultado o próprio número n. Algo parecido acontece com a lógica. Princípios como o terceiro excluído e a não contradição são frequentemente apresentados como *leis fundamentais do pensamento*, e a bivalência é simplesmente pressuposta, como se nada diferente fosse possível. Pelo nome "lógica", muitas vezes entende-se apenas a lógica clássica, ou, ainda mais grave, considera-se que a lógica se resume à lógica aristotélica, quando na verdade a lógica aristotélica é apenas um pequeno fragmento da lógica moderna.

Segundo essa visão, a lógica é considerada uma disciplina quase dogmática, cujos fundamentos não podem ser colocados em questão, e com resultados, como os da aritmética, que são tomados como verdades acima de qualquer suspeita. Por outro lado, uma das primeiras coisas que aprendemos sobre a filosofia é que a *postura crítica* é sua característica essencial. A ideia de que a lógica é uma disciplina finalizada parece estar em desacordo com a postura crítica da filosofia.

O problema é que essa visão da lógica é profundamente equivocada. A lógica não é de modo algum uma disciplina finalizada, muito menos dogmática. A atitude crítica da filosofia também se dirige para os princípios sobre os quais se baseia a lógica, que são questionados e podem ser rejeitados. E a discussão acerca de tais princípios se baseia em posições filosóficas acerca da realidade, da linguagem e do conhecimento humano.

Este pequeno livro procura justamente mostrar que vários princípios básicos adotados pela lógica clássica podem ser colocados em questão, dando origem às chamadas *lógicas não clássicas*. Veremos que, na verdade, não temos uma, mas várias lógicas.

O livro está estruturado da seguinte forma. No capítulo 1, "Verdade, validade e forma lógica", é apresentado o problema que deu origem à lógica e é o seu problema central, a relação de consequência lógica. No capítulo 2, "A lógica clássica", veremos noções centrais da lógica clássica (sentencial e de predicados), de modo a analisar mais precisamente a noção de consequência lógica apresentada no capítulo 1. Também no capítulo 2 são enumerados cinco princípios adotados pela lógica clássica, que é denominada *clássica* justamente por adotá-los: bivalência, terceiro excluído, não contradição, exigência de domínio não vazio e rejeição de nomes que não denotam. No capítulo 3, "Lógica ou lógicas?", veremos os problemas ocasionados pela adoção de tais princípios. Cada um deles, sem exceção, pode ser rejeitado, dando origem a diferentes lógicas. (Os leitores que têm familiaridade com a lógica de primeira ordem, se desejarem, podem pular os dois primeiros capítulos e começar a leitura pelo capítulo 3.)

Ao fim de cada seção, você encontrará dicas para saber mais acerca dos temas tratados. Na maioria das vezes, o leitor é remetido aos livros *Filosofia das lógicas*, de Susan Haack, *Introdução à lógica*, de Cezar

Mortari, e *Enciclopédia de termos lógico-filosóficos*, editada por Desidério Murcho e outros. Dentre os livros atualmente disponíveis em português, esses três são essenciais para quem quiser começar a estudar lógica. É também muitas vezes mencionada a *Stanford Encyclopedia of Philosophy*, disponível no endereço http://plato.stanford.edu/contents.html. Referências completas de todos os livros mencionados no texto estão em "Dicas de viagem", no fim do livro.

Há também uma página na internet dedicada a este livro, no endereço https://sites.google.com/site/logicaetc/livro. Lá você encontra sugestões de leitura, questões para debate, exercícios, correções de erros (que sem dúvida existem) e links variados. É oportuno observar que certamente você encontrará, nas referências sugeridas, diferentes posições sobre um mesmo tema, inclusive posições diferentes das que são aqui apresentadas. Quando isso acontecer, cabe a você refletir sobre o assunto e defender, com bons argumentos, a posição que considera correta. É nesse momento que você vai estar, de fato, começando a *filosofar*.

Gostaria, por fim, de agradecer a Valéria Passos por colaborar na formulação do exemplo de argumento indutivo que relaciona o hábito de fumar com câncer no pulmão, a Walter Carnielli pelo exemplo do investigador que lida com dois depoimentos contraditórios na seção sobre lógica paraconsistente e a Desidério Murcho pelas sugestões e comentários feitos na seção sobre lógicas livres. Agradeço também a André Porto, Antonio Augusto, Bárbara Pádua, Dane Tadeu, Eduardo Dayrell, Eduardo Pitt, Mariana Lamego, Telma Birchal e a todos os meus colegas, professores e alunos que de alguma forma colaboraram para a redação deste pequeno livro.

Dicas: Sobre o caráter crítico da Filosofia, veja o primeiro volume desta coleção, *Boas-vindas à Filosofia*, de Marilena Chaui. Aqui, neste pequeno livro, você verá de que modo a *atitude crítica* da filosofia é aplicada à lógica. Sobre a história da lógica, que não é tratada aqui apenas por falta de espaço, uma referência é o livro *O desenvolvimento da lógica*, de Kneale & Kneale, que certamente você encontrará em boas bibliotecas. Também por falta de espaço não foram abordados os trabalhos de Frege, Russell e outros filósofos que, na transição do século XIX para o XX, promoveram importantes mudanças no estudo da lógica. No texto *A lógica e os fundamentos da matemática*, de Anthony Kenny, disponível em http://criticanarede.com/html/logicismo.html, você encontra uma boa apresentação das contribuições de Frege e Russell.

1. Verdade, validade e forma lógica

1.1. Verdade e validade

É comum lermos nas primeiras páginas dos livros de lógica, tanto introdutórios quanto mais avançados, que o conceito central da lógica é o conceito de consequência lógica. Ou, alternativamente, que a lógica estuda os argumentos válidos, sendo esses os argumentos em que a conclusão se segue logicamente das premissas. Mas isso não é ainda suficiente para compreendermos o que é a lógica, pois precisamos saber o que é um argumento e o que significa dizer que uma conclusão se segue de premissas.

Um argumento é um conjunto de sentenças com determinada estrutura. Em um argumento, uma ou mais sentenças – as premissas – pretendem sustentar a verdade de determinada sentença – a conclusão. Vamos começar o estudo da lógica por meio da análise de argumentos simples. Fazemos isso por razões didáticas. Considere os argumentos abaixo:

(1) Todo carioca é brasileiro. Zico é carioca. Logo, Zico é brasileiro.
(2) Todo carioca é brasileiro. Zico é brasileiro. Logo, Zico é carioca.

Mesmo sem nunca ter estudado lógica, é fácil perceber que (1) é um bom argumento, mas há algo errado no argumento (2). Apesar da conclusão de (2) ser verdadeira, ela não é adequadamente sustentada pelas premissas, pois Zico poderia ser brasileiro mas não ser carioca, isto é, as premissas *poderiam* ser verdadeiras e a conclusão falsa. Temos acima um argumento válido e um inválido, respectivamente (1) e (2). Mas não sabemos ainda *por que* (1) é válido e (2) inválido. Se os examinarmos com atenção, perceberemos que em (1), sendo as premissas verdadeiras, é impossível a conclusão ser falsa. Por outro lado, em (2) isso não ocorre. Apesar de a conclusão ser verdadeira, é possível alguém ser brasileiro sem ser carioca. Temos aqui, então, um critério de validade, que denominaremos *critério da necessidade*:

Critério da necessidade: um argumento é válido quando é impossível suas premissas serem verdadeiras e a conclusão falsa.

A ideia básica desse critério pode ser encontrada já em Aristóteles (385-322 a.C.), em *Primeiros analíticos* (24b19-22), formulada de uma maneira ligeiramente diferente mas equivalente: um argumento é válido quando, necessariamente, sendo as premissas verdadeiras, a conclusão é também verdadeira.

Central nessa caracterização de argumento válido é a noção de *preservação da verdade*. Argumentos válidos nunca nos levam de verdades a falsidades. Note, entretanto, que a definição de argumento válido nada diz acerca da verdade ou falsidade das premissas e da conclusão. Diz apenas que, *se* as premissas forem verdadeiras, a conclusão será também verdadeira. Verdade e validade são noções distintas. Veja o argumento abaixo:

(3) Todo filósofo é grego. Descartes é filósofo. Logo, Descartes é grego.

Assim como (1), (3) é um argumento válido. Mas há algo errado em (3), pois sua conclusão é falsa. Isso ocorre porque (3) tem uma premissa falsa – não é verdade que todo filósofo é grego. Mas note que seria impossível as premissas de (3) serem verdadeiras e sua conclusão falsa.

Há dois pontos a observar aqui. Em primeiro lugar, para estarmos certos da conclusão de um argumento, não basta que o argumento seja válido; é preciso também que suas premissas sejam verdadeiras. Em segundo lugar, estabelecer a verdade ou falsidade das sentenças de um argumento não é um problema da lógica. O argumento

(4) Nenhum gás nobre se combina com outros elementos. Xenônio é um gás nobre. Logo, Xenônio não se combina com outros elementos

é válido. Mas não cabe ao lógico dizer se suas premissas são verdadeiras; isso é um problema do químico. Mas, se as premissas forem verdadeiras, como de fato são, a conclusão se segue logicamente delas – não precisamos do químico para saber disso.

1.2. Argumentos indutivos

O que vimos foi o critério de validade que caracteriza os argumentos denominados *dedutivamente válidos*. Mas existem argumentos que podem ser bons, isto é, podem dar boas razões para que aceitemos a verdade da conclusão, e ainda assim ser possível que suas premissas sejam verdadeiras e a conclusão falsa. Um argumento *bom* não precisa necessariamente ser um argumento *válido*. Por exemplo,

(5) Todas as pesquisas de opinião apontam o candidato X com mais de 10 pontos percentuais de vantagem sobre o segundo colocado, o candidato Y. Logo, X será o vencedor das eleições.

Temos boas razões para acreditar que X será o vencedor das eleições. Entretanto, do ponto de vista estritamente lógico, *é possível* que X não vença as eleições. (5) é um bom argumento, mas não é um argumento dedutivamente válido. Sendo as premissas verdadeiras, é muito improvável que a conclusão seja falsa, mas não é impossível. Temos aqui um exemplo de argumento indutivo. Em geral, não dizemos que um argumento indutivo é válido ou inválido, mas sim forte ou fraco.

Existem, portanto, dois tipos de conexão entre as premissas e a conclusão de um argumento. Do ponto de vista da validade, não há meio-termo: um argumento é válido ou inválido. Já os argumentos indutivos podem ser fortes ou fracos, e admitem graus de força em virtude da maior ou menor probabilidade de a conclusão ser verdadeira. Ainda que possamos encontrar na literatura especializada algumas tentativas de estabelecer uma lógica indutiva, os lógicos deram muito mais atenção ao estudo da validade dedutiva. Talvez porque o estudo da indução não pertença à lógica em sentido estrito. A *estatística* é a ferramenta matemática que auxilia na análise dos argumentos indutivos. Além disso, para construir e avaliar adequadamente argumentos indutivos, você precisa conhecer muito bem o assunto que está em questão. Veja por exemplo o seguinte argumento:

(6) X fumou em média 40 cigarros por dia durante 30 anos. Logo, X terá câncer de pulmão.

Sabemos que há uma relação entre o hábito de fumar e a ocorrência de câncer no pulmão. Estudos indicam que o hábito de fumar causa aproximadamente 85% dos casos de câncer; quanto maior o tempo e o número de cigarros, maior o risco. Mas isso não significa que mais de 80% dos fumantes terão câncer de pulmão. Há vários outros fatores relacionados ao câncer de pulmão, como por exemplo predisposição genética, hábitos alimentares, atividade física, ingestão de álcool, entre outros. Um argumento como (6) precisa ser analisado caso a caso, e somente um especialista no assunto – um oncologista – poderá fazer uma avaliação adequada, tendo, de um lado, os dados estatísticos fornecidos pelas pesquisas médicas e, do outro, o histórico do paciente. Mas o que é importante ressaltar é que essas questões não são, a rigor, problemas lógicos. Aqui, iremos estudar apenas a lógica em sentido estrito, deixando de lado os argumentos indutivos.

1.3. Validade e forma

Vamos agora retornar aos argumentos (1), (2) e (3) e analisá-los mais atentamente.

(1) Todo carioca é brasileiro. Zico é carioca. Logo, Zico é brasileiro.
(2) Todo carioca é brasileiro. Zico é brasileiro. Logo, Zico é carioca.
(3) Todo filósofo é grego. Descartes é filósofo. Logo, Descartes é grego.

Já vimos que (1) e (3) são válidos e (2) é inválido, segundo o critério de validade que denominamos critério da necessidade. Uma maneira de tornar mais preciso esse critério é pensar em termos da forma lógica do argumento. Isso nos dá o critério que vamos denominar *formal*:

> *Critério formal*: um argumento é válido quando toda circunstância que torna as premissas verdadeiras torna também a conclusão verdadeira.

Para compreender o critério formal, temos que saber o que é uma *circunstância*. Antes disso, vamos voltar aos argumentos (1) e (3) e observar que ambos têm a mesma forma:

(7) Todo *F* é *G*. *a* é *F*. Logo, *a* é *G*.

Se examinarmos o argumento (1), não é difícil perceber que "carioca", "brasileiro" e "Zico" não são palavras lógicas, mas, sim, palavras que dizem respeito àquilo acerca de que estamos falando. Obtemos a forma lógica de (1) substituindo as palavras "carioca" e "brasileiro", que são predicados, pelas letras maiúsculas F e G, e "Zico", que é o nome de um indivíduo, pela letra minúscula a. Em (7) podemos visualizar a forma lógica do argumento (1), que é também a forma do argumento (3). Um argumento é válido quando é uma instância de uma forma válida. Mas o que é uma forma válida? Para responder a essa pergunta, precisamos de duas noções centrais para a lógica: *interpretação* e *domínio de discurso*.

As letras a, F e G podem ser *interpretadas* de diferentes maneiras. Diferentes interpretações de a, F e G produzem diferentes argumentos que são instâncias da forma (7), como por exemplo os argumentos (1) e (3) e o argumento abaixo:

(8) Todos os múltiplos de 10 são divisíveis por 5. 100 é um múltiplo de 10. Logo, 100 é divisível por 5.

O *domínio de discurso*, ou simplesmente *domínio*, é o conjunto dos indivíduos ou objetos acerca dos quais estamos falando. O domínio pode ser o conjunto dos filósofos gregos, dos números naturais, dos cidadãos brasileiros etc.

Vamos retornar ao critério formal apresentado acima. Qualquer que seja o domínio de discurso e o modo pelo qual interpretarmos as letras *a*, *F* e *G* de (7), nunca produziremos premissas verdadeiras e conclusão falsa. Isso é o que significa dizer que toda *circunstância* que torna as premissas verdadeiras torna também a conclusão verdadeira. *Uma circunstância é um domínio de discurso e uma interpretação dos símbolos não lógicos nesse domínio – nomes são associados a indivíduos do domínio e predicados são associados a subconjuntos do domínio.*

Agora podemos dizer por que (2) é um argumento inválido. A forma de (2) é dada por

(9) Todo *F* é *G*. *a* é *G*. Logo, *a* é *F*.

Para mostrar que (9) tem uma forma inválida precisamos considerar um domínio de discurso, por exemplo o conjunto dos seres humanos, e interpretar as letras *a*, *F* e *G* de modo a produzir premissas verdadeiras e conclusão falsa. Isso é fácil: substitua *F* por "carioca", *G* por "brasileiro" e *a* por "Pelé". Temos então uma circunstância na qual as premissas são verdadeiras e a conclusão é falsa, o que mostra que a forma de (9) é inválida.

Dicas: Uma boa apresentação das noções que vimos aqui você encontra nos primeiros capítulos do livro de Cezar Mortari, já citado, e também no capítulo "Lógica e linguagem" do livro *Lógica: um curso introdutório*, de Newton-Smith. Veja também o capítulo 2 da obra de Susan Haack, também citado.

2. A lógica clássica

No capítulo anterior, vimos o modo pelo qual a lógica clássica trata a noção de validade: um argumento é considerado válido em virtude da sua *forma*. Agora, vamos examinar mais atentamente como esse critério de validade é aplicado, analisando argumentos construídos com os operadores sentenciais *ou*, *e*, *se... então* e *não* e também com os quantificadores *todo*, *nenhum* e *algum*. A parte da lógica que analisa argumentos com os operadores sentenciais é denominada *lógica sentencial*. A *lógica de predicados* inclui a lógica sentencial, mas estuda também os argumentos construídos com os quantificadores. À medida que for preciso, a linguagem simbólica da lógica será introduzida.

2.1. Os operadores sentenciais

Vamos começar pelo estudo de argumentos da lógica sentencial. Os operadores sentenciais recebem nomes e são representados por símbolos conforme a tabela abaixo. As reticências "..." representam os lugares que serão ocupados por sentenças.

Disjunção	... ou...	... ∨ ...
Conjunção	... e...	... ∧ ...
Condicional	se... então...	... → ...
Negação	não...	¬ ...

Considere o argumento abaixo, um exemplo do princípio de inferência denominado *silogismo disjuntivo*:

(1) Ou João compra um carro ou João compra uma motocicleta. João não compra um carro. Logo, João compra uma motocicleta.

Intuitivamente, é fácil perceber que (1) é válido. Mas precisamos saber o porquê, isto é, precisamos mostrar que (1) tem uma forma válida. Em (1) ocorrem dois operadores sentenciais, a disjunção *ou* e a negação *não*. A lógica usa as letras minúsculas *p*, *q*, *r*... para representar sentenças. Vamos representar as sentenças do argumento anterior usando *p* para a sentença "João compra um carro" e *q* para a sentença "João compra uma motocicleta". Reescrevemos a sentença "João não compra um carro" como "Não é o caso que João compra um carro" e a representamos por ¬*p*. Vamos usar o símbolo "⊨" no lugar da palavra "logo". O argumento (1) acima é então representado do seguinte modo:

(2) p ∨ q, ¬p ⊨ q,

o que significa que a sentença *q* é consequência lógica das premissas *p* ∨ *q* e ¬*p*. Para mostrar por que (2) é válido, precisamos saber as condições de verdade de sentenças formadas com os operadores ∨ e ¬. Mas antes disso veremos alguns princípios que são adotados pela lógica clássica.

Os operadores sentenciais atuam sobre sentenças que podem ser verdadeiras ou falsas. O *verdadeiro* e o *falso* são denominados *valores de verdade*. A lógica clássica pressupõe o princípio da *bivalência*, segundo o qual toda sentença possui um dos dois valores de verdade, isto é, toda sentença ou é verdadeira ou é falsa. Pelo *princípio da não contradição*, também endossado pela lógica clássica, uma sentença não pode ser simultaneamente verdadeira e falsa. E, pelo *princípio do terceiro excluído*, ou uma dada sentença é verdadeira, ou sua negação é verdadeira. Sentenças da forma $p \vee \neg p$ (terceiro excluído) e $\neg(p \wedge \neg p)$ (não contradição) são sempre verdadeiras.

Vamos voltar agora ao problema das condições de verdade de sentenças com a negação e a disjunção. Segundo o tratamento dado pela lógica clássica, o valor de verdade de sentenças formadas com operadores sentenciais depende apenas dos valores de verdade das sentenças sobre as quais os operadores atuam. Por essa razão, os operadores são denominados *funções de verdade*. (Lembre-se da noção de função em matemática: uma função recebe um ou mais números como entrada e produz um único número como saída. Analogamente, funções de verdade recebem um ou mais valores de verdade como entrada e produzem um único valor de verdade como saída, o verdadeiro ou o falso.) A negação inverte o valor de verdade da sentença: quando p é verdadeira, $\neg p$ é falsa; quando p é falsa, $\neg p$ é verdadeira. Uma disjunção é verdadeira quando pelo menos uma das sentenças conectadas pelo

∨ é verdadeira. $p \vee q$ é verdadeira em três situações: quando p é verdadeira, quando q é verdadeira e também quando ambas são verdadeiras; $p \vee q$ é falsa apenas quando ambas as sentenças p e q são falsas. Podemos expressar essas condições por meio de tabelas, denominadas *tabelas de verdade*.

p	¬p
V	F
F	V

p	q	p ∨ q
V	V	V
V	F	V
F	V	V
F	F	F

Vamos agora retornar à análise do argumento (2). Quando estamos restritos à lógica sentencial, a forma lógica depende apenas de como as sentenças são conectadas pelos operadores, e uma circunstância é uma atribuição de valores de verdade às letras sentenciais. Como há duas letras sentenciais em (2), temos quatro combinações de valores de verdade. Podemos colocar lado a lado as tabelas das premissas e da conclusão de (2):

p	q	$p \vee q$	$\neg p$	q
V	V	V	F	V
V	F	V	F	F
F	V	V	V	V
F	F	F	V	F

Cada linha da tabela representa uma circunstância. Note que em nenhuma linha temos as premissas verdadeiras e a conclusão falsa. Em outras palavras, toda circunstância que torna as premissas verdadeiras torna também a conclusão verdadeira. (2) é válido, o que torna todos os argumentos com a mesma forma também válidos. Um argumento válido fornece um princípio de inferência válido: sempre que tivermos premissas $\neg p$ e $p \vee q$, podemos inferir q. Considere agora o seguinte argumento inválido:

(3) p ∨ q ⊭ p ∧ q.

O símbolo "⊭" significa que a conclusão não se segue da premissa, isto é, que o argumento é inválido. Para provar que (3) é inválido, temos primeiro que estabelecer as condições de verdade da conjunção. Uma conjunção é verdadeira apenas quando ambas as sentenças conectadas pelo ∧ são verdadeiras, o que é representado pela seguinte tabela:

p	q	p ∧ q
V	V	V
V	F	F
F	V	F
F	F	F

Colocando lado a lado as tabelas da premissa e da conclusão de (3), temos

p	q	p ∨ q	p ∧ q
V	V	V	V
V	F	**V**	**F***
F	V	**V**	**F***
F	F	F	F

Há duas linhas da tabela, isto é, duas circunstâncias, em que a premissa é verdadeira e a conclusão é falsa. Logo, trata-se de uma forma inválida.

É importante observar aqui que a análise dos conectivos proposicionais como funções de verdade não corresponde exatamente ao modo pelo qual eles são usados na linguagem coloquial, aquela que usamos no dia a dia. De acordo com a tabela de verdade da conjunção, $p \land q$ terá sempre o mesmo valor de verdade de $q \land p$. Mas as sentenças abaixo mostram que isso pode não ocorrer na linguagem coloquial:

(4) João e Maria tiveram um filho e casaram.
(5) João e Maria casaram e tiveram um filho.

A tabela da conjunção não expressa corretamente as condições de verdade das sentenças (4) e (5). (4) será verdadeira se João e Maria primeiro tiveram um filho e depois casaram. Inversamente, (5) será verdadeira se João e Maria primeiro casaram e depois tiveram um filho.

O fato é que os operadores lógicos $\lor$, $\land$, $\rightarrow$ e $\neg$, interpretados como funções de verdade, não são *sinônimos* das expressões *ou*, *e*, *se... então* e *não*, tal como elas são efetivamente usadas na linguagem coloquial. Isso não precisa ser considerado um problema, porque o objetivo da lógica não é formular uma teoria que explique o significado das expressões da linguagem coloquial, mas sim estabelecer critérios e métodos para determinar quando uma sentença é consequência lógica de um conjunto de premissas. E a análise dos operadores sentenciais como funções de verdade propicia um tratamento elegante e muito poderoso da relação de consequência lógica. Mas é certo também que esse tratamento é insatisfatório sob vários aspectos, e é justamente essa insatisfação com algumas opções tomadas pela lógica clássica que vai motivar a elaboração de lógicas alternativas à lógica clássica. Retornaremos a esse ponto no capítulo 3.

Veremos agora a condicional. Considere os seguintes argumentos, o primeiro válido e o segundo inválido:

(6) Se Zico é carioca, Zico é brasileiro. Zico é carioca. Logo, Zico é brasileiro.
(7) Se Zico é carioca, Zico é brasileiro. Zico é brasileiro. Logo, Zico é carioca.

Representando (6) e (7) na linguagem simbólica, temos

(8) $p \to q, p \vDash q$,
(9) $p \to q, q \nvDash p$.

A forma de (8) é uma instância do princípio de inferência denominado *modus ponens*. Em uma condicional $p \to q$, chamamos p de antecedente e q de consequente. Se uma condicional é verdadeira e o seu antecedente também é verdadeiro, evidentemente o consequente será também verdadeiro. Já a forma de (9), inválida, é uma instância da chamada *falácia de afirmação do consequente*.

Analisada como uma função de verdade, uma condicional diz apenas que, se p é verdadeira, q não pode ser falsa. Assim, a condicional é falsa se p for verdadeira e q falsa. Mas, se p for falsa, nada é afirmado acerca de q, e nesse caso a condicional é verdadeira. As condições de verdade da condicional são dadas pela seguinte tabela:

p	q	$p \to q$
V	V	V
V	F	F
F	V	V
F	F	V

Com a tabela da condicional, mostramos que (8) é uma forma válida e (9) é inválida.

(8)

p	q	$p \to q$	p	q
V	V	V	V	V
V	F	F	V	F
F	V	V	F	V
F	F	V	F	F

(9)

p	q	$p \to q$	q	p
V	V	V	V	V
V	F	F	F	V
F	V	**V**	**V**	**F***
F	F	V	F	F

Na tabela (8) em nenhuma linha temos premissas verdadeiras e conclusão falsa. Mas na terceira linha da tabela (9) temos uma linha – isto é, uma circunstância – que torna as premissas verdadeiras e a conclusão falsa. Por essa razão, (8) é uma forma válida e (9) é inválida.

A interpretação da condicional como uma função de verdade, denominada *condicional material*, costuma causar estranheza, especialmente devido à terceira e à quarta linhas. Se temos uma sentença verdadeira p, qualquer sentença q implica p. No caso de p ser falsa, $\neg p$ é verdadeira, e qualquer sentença q é implicada por p. Em outras palavras, $p \rightarrow (q \rightarrow p)$ e $\neg p \rightarrow (p \rightarrow q)$ são sempre verdadeiras, quaisquer que sejam as sentenças p e q. Esses são os chamados "paradoxos da condicional material". O ponto é que a condicional material não expressa uma relação de causa/efeito, nem leva em consideração os conteúdos das sentenças, apenas seus valores de verdade. Mas vale lembrar aqui que o objetivo da lógica não é elaborar uma teoria do significado, e a análise da condicional como uma função de verdade possibilita uma análise adequada da forma lógica de sentenças com o quantificador universal (*todo*) e de vários argumentos formulados na linguagem coloquial.

Dicas: Uma apresentação do problema da interpretação das condicionais você encontra no verbete *teorias dos condicionais* da *Enciclopédia de termos lógico-filosóficos*, já citada. Sobre a interpretação dos operadores como funções de verdade e os paradoxos da condicional material, ver o capítulo 3 do livro de Susan Haack, também citado.

2.2. Os quantificadores

A lógica de predicados estuda a relação de consequência lógica entre sentenças formadas com os quantificadores *todo*, *nenhum*, *algum*. Na lógica sentencial, analisamos sentenças formadas com os operadores sentenciais a partir de outras sentenças. Não levamos em consideração o que ocorre *dentro* das sentenças, mas apenas o modo pelo qual sentenças são conectadas pelos operadores. Porém há argumentos que não podem ser analisados se não levarmos em consideração a estrutura lógica *interna* das sentenças. Vejamos um exemplo:

(10) João tirou 10 na prova de lógica. Logo, alguém tirou 10 na prova de lógica.

Esse argumento é evidentemente válido; nem é preciso estudar lógica para perceber. Mas, novamente, a questão é que queremos dizer *por que* é válido. No capítulo 1, quando vimos a noção clássica de validade, já tivemos um primeiro contato com as noções de interpretação e de domínio de discurso. Agora, vamos examinar mais detalhadamente essas noções. De início, veremos como a lógica de predicados analisa a forma lógica das chamadas *sentenças atômicas* e de sentenças com *quantificadores*.

Uma sentença atômica relaciona um ou mais indivíduos e um predicado. "João tirou 10 na prova de lógica" e "Platão é discípulo de Sócrates" são sentenças atômicas. A análise da forma lógica nem sempre coincide com a análise gramatical, feita em termos de sujeito e predicado. Em "João tirou 10 na prova de lógica" temos o nome próprio "João" e o predicado lógico "x tirou 10 na prova de lógica". Dizemos que o nome "João", entre aspas, *denota* o indivíduo João, sem aspas. Na frase anterior, na primeira ocorrência da sequência de símbolos *J-o-ã-o*, estamos falando da palavra "João", e na segunda estamos falando do indivíduo João. No predicado "x tirou 10 na prova de lógica" a variável x serve para marcar o lugar vazio em que podemos colocar um nome próprio. Nesse caso, a forma lógica coincide com a forma gramatical, mas isso não ocorre na sentença "Platão é discípulo de Sócrates". Agora temos dois nomes próprios, "Platão" e "Sócrates", e o predicado lógico "x é discípulo de y". Aqui, estamos considerando somente sentenças com predicados com apenas um lugar vazio, que são chamados predicados *unários*. Na linguagem simbólica, representaremos os predicados unários pelas letras maiúsculas F, G, H etc., e os nomes próprios por letras minúsculas do início do alfabeto, a, b, c etc. Se a é um nome de João e Fx representa o predicado "x tirou 10 na prova de lógica", a sentença "João tirou 10 na prova de lógica" é representada por Fa. Se Fa é verdadeira, dizemos que a satisfaz o predicado Fx, ou que o predicado Fx se aplica a a.

Agora veremos como analisar a sentença "alguém tirou 10 na prova de lógica". Não estamos mais atribuindo um predicado a determinado indivíduo, pois *alguém* não é um indivíduo específico. A sentença "alguém tirou 10 na prova de lógica" significa que existe pelo menos um indivíduo no domínio de discurso que tirou 10 em lógica, ou mais precisamente, existe pelo menos um x, tal que x tirou 10 na prova de lógica. Na linguagem simbólica, essa sentença é representada por $\exists xFx$. Usamos aqui o quantificador existencial "$\exists$", e a expressão "$\exists x$" significa "existe pelo menos um x tal que...". Considere agora as sentenças:

(11) Ninguém tirou 10 na prova de lógica.
(12) Todos tiraram 10 na prova de lógica.

Claramente, "ninguém" não é um indivíduo ao qual estamos atribuindo um predicado. (11) é a negação de (10) e significa "não existe x tal que x tirou 10 na prova de lógica"; na linguagem simbólica, $\neg\exists xFx$. Na sentença (12), estamos dizendo que todos os indivíduos do domínio de discurso, que certamente seriam os alunos de uma turma de lógica, tiraram 10 na prova – ainda que isso seja bastante improvável. (12) significa "para todo x, x tirou 10 na prova de lógica"; na linguagem simbólica, $\forall xFx$. O símbolo "$\forall$" é chamado *quantificador universal* e "$\forall x$" significa "para todo x...".

Vamos agora retornar à interpretação da linguagem na lógica de predicados. Os nomes próprios, representados pelas letras *a*, *b*, *c*..., são associados a indivíduos do domínio de discurso, e os predicados unários, representados pelas letras F, G, H..., são associados a subconjuntos do domínio. A título de exemplo, considere que o domínio é o conjunto dos seres humanos; podemos interpretar F como o conjunto dos filósofos e G como o conjunto dos gregos. F e G são subconjuntos do domínio. A lógica clássica pressupõe que o domínio de discurso não pode ser vazio, isto é, que existe pelo menos um indivíduo – um pressuposto, diga-se de passagem, que não é livre de controvérsias. Além disso, a lógica clássica não admite nomes que não denotam indivíduo algum no domínio de discurso, chamados nomes vazios. Nomes como "Sherlock Holmes" e "Pégaso" são rejeitados. Voltaremos a esses pontos no capítulo 3. Por outro lado, são admitidos predicados vazios, que são aqueles associados ao conjunto vazio. Lembre-se de que $\emptyset$ é um subconjunto do domínio, pois $\emptyset$ é subconjunto de todos os conjuntos. Agora, estabelecemos as condições de verdade das sentenças usando ferramentas da teoria de conjuntos:

> Uma sentença do tipo Fa é verdadeira se, e somente se, o indivíduo denotado por a pertence ao conjunto F.

> Uma sentença do tipo $\forall x F x$ é verdadeira se, e somente se, todos os indivíduos do domínio pertencem ao conjunto F.
>
> Uma sentença do tipo $\exists x F x$ é verdadeira se, e somente se, pelo menos um indivíduo do domínio pertence ao conjunto F.

Vamos retornar agora ao argumento (10), representado na linguagem simbólica por

(13) Fa ⊨ ∃xFx.

Suponha que *Fa* é verdadeira. Nesse caso, o indivíduo denotado por *a* (João) pertence ao conjunto *F*, que é o conjunto dos alunos que tiraram 10 em lógica. ∃xFx é verdadeira quando pelo menos um indivíduo do domínio pertence ao conjunto *F*. Pela nossa suposição, João pertence a *F*. E toda circunstância que torna a premissa verdadeira torna também a conclusão verdadeira. Logo, (13) tem uma forma válida.

Vamos agora examinar sentenças do tipo *todo F é G*, cuja análise envolve condicionais da forma *se... então*. A forma lógica de tais sentenças mostra claramente que a lógica de predicados inclui a lógica sentencial. Considere novamente o argumento que vimos no capítulo 1:

(14) Todo carioca é brasileiro. Zico é carioca. Logo, Zico é brasileiro.

Vamos começar pela análise da primeira premissa,

(15) Todo carioca é brasileiro.

Na sentença (15) não temos um predicado, "x é brasileiro", atribuído a um sujeito, pois o papel de "todo carioca" em (15) é diferente do papel de "Zico" na sentença "Zico é brasileiro". (15) significa o mesmo que:

(16) Para todo x, se x é carioca, x é brasileiro.

Reescrevendo (16) na linguagem simbólica, sendo F e G respectivamente os predicados "x é carioca" e "x é brasileiro", temos então:

(17) $\forall x(Fx \rightarrow Gx)$.

Considere que o domínio de discurso é o conjunto dos seres humanos e escolha um indivíduo qualquer do domínio. Se esse indivíduo pertence ao conjunto dos cariocas, pertence também ao conjunto dos brasileiros. Note que isso nada mais é do que uma maneira de dizer que o conjunto dos cariocas está contido no (ou é um subconjunto do) conjunto dos brasileiros – usando os símbolos da teoria de conjuntos, que certamente você conhece, $F \subseteq G$.

Agora, podemos ver por que a interpretação da condicional como uma função de verdade é útil para a lógica de predicados. Posto que (14) é verdadeira, a condicional *se x é carioca, então x é brasileiro* deve ser verdadeira para qualquer nome que colocarmos no lugar de *x*. Note que nunca poderá acontecer de colocarmos um nome de um indivíduo que seja carioca mas não seja brasileiro. Se colocarmos o nome "Zico" no lugar de *x*, obteremos a sentença:

(18) Se Zico é carioca, então Zico é brasileiro,

que você não teria problema nenhum em aceitar como verdadeira. Colocando "Pelé" no lugar de *x* temos:

(19) Se Pelé é carioca, então Pelé é brasileiro.

Pelé nasceu em Minas Gerais, portanto a condicional (19) tem antecedente falso e consequente verdadeiro, o que corresponde à terceira linha da tabela de verdade da condicional que vimos no capítulo 1. Mas ainda assim certamente você está disposto a aceitar que (19) é verdadeira. Substituindo x por "Maradona", que é argentino, temos:

(20) Se Maradona é carioca, então Maradona é brasileiro,

que tem antecedente e consequente falsos e corresponde à quarta linha da tabela de verdade da condicional. Mas, assim como (19), (20) é uma condicional verdadeira, posto que todo carioca é brasileiro. Vamos agora representar o argumento (14) na linguagem simbólica:

(21) $\forall x(Fx \rightarrow Gx)$, $Fa \vDash Ga$.

Suponha que as premissas são verdadeiras, isto é, que $a \in F$ e que $F \subseteq G$. É fácil perceber que é impossível a

não pertencer ao conjunto G. Logo, (21) tem uma forma válida, e todos os argumentos com a mesma forma lógica são também válidos.

Dicas: Sobre quantificadores e lógica de predicados, leia o capítulo 4 do livro de Susan Haack e os capítulos 7, 8 e 10 do livro de Cezar Mortari, ambos já citados. Uma diferença importante entre a lógica de Aristóteles e a moderna lógica de predicados é que Aristóteles não permitia predicados vazios, validando inferências que a lógica moderna considera inválidas. Uma boa apresentação da lógica de Aristóteles você encontra no texto "Lógica silogística", de Desidério Murcho, disponível em https://sites.google.com/site/logicaetc/Home/logica_aristoteles.pdf. Esse texto é um capítulo do livro *A arte de pensar*, gentilmente cedido por Desidério.

3. Lógica ou lógicas?

Vimos no capítulo 2 que a lógica clássica assume alguns princípios básicos: (i) bivalência, (ii) terceiro excluído e (iii) não contradição. Além disso, a lógica clássica pressupõe (iv) que o domínio de discurso não pode ser vazio e (v) que todos os nomes da linguagem nomeiam indivíduos do domínio de discurso. Todos os princípios (i) a (v) mencionados acima dão origem a controvérsias. Nenhum deles é considerado uma verdade indiscutível. E de fato, alguns resultados indesejáveis dos princípios aceitos pela lógica clássica motivaram a elaboração de lógicas alternativas. Veremos que não temos uma, mas várias lógicas. Porém, antes, vamos recordar brevemente o que vimos nos capítulos anteriores.

O *problema* que deu origem à lógica e é seu problema central é dizer quando um argumento é válido, ou, em outras palavras, quando uma conclusão se segue lógica ou validamente de um conjunto de premissas. Partimos da ideia segundo a qual um argumento é válido quando é impossível suas premissas serem verdadeiras e a conclusão falsa. Chamamos esse critério de validade de *critério da necessidade*.

Usando ferramentas da matemática, a lógica clássica estabeleceu um critério preciso para validade: toda circunstância que torna todas as premissas verdadeiras torna também a conclusão verdadeira, e uma circunstância é uma interpretação dos símbolos não lógicos das sentenças que compõem o argumento e um domínio de discurso, que é o conjunto dos indivíduos acerca dos quais estamos falando. A ideia central desse critério é a seguinte: um argumento é válido quando tem uma forma válida. A forma é obtida a partir da distinção entre os símbolos lógicos e os não lógicos. O significado dos símbolos lógicos é mantido fixo e os símbolos não lógicos são interpretados em um domínio de discurso, que pode também variar. Chamamos esse critério de *critério formal*.

A teoria obtida é uma ferramenta poderosa para tratar a noção de consequência lógica. É muito bem-sucedida na matemática e é também muito útil para analisar argumentos na linguagem coloquial. Por outro lado, o critério de validade formulado pela lógica clássica não é plenamente fiel à nossa noção intuitiva de consequência lógica. Além disso, veremos que o critério da necessidade e o critério formal não produzem sempre os mesmos resultados. Na verdade, o segundo é um caso especial do primeiro, pois em todo argumento válido em virtude da forma é impossível premissas verdadeiras e conclusão falsa, porém há argumentos que satisfazem o critério da necessidade, mas são inválidos do ponto de vista formal. Contudo, mesmo o critério de necessidade, mais próximo da noção intuitiva de consequência lógica, considera válidas inferências que seria plausível considerar inválidas. É o que veremos a seguir.

3.1. O princípio da explosão

Considere o seguinte argumento:

(1) Aristóteles é grego e Aristóteles não é grego. Logo, 2 + 2 = 5.

Você provavelmente concorda que parece haver algo errado com o argumento acima. Afinal, como podemos concluir que 2 + 2 = 5 partindo de uma premissa que diz que Aristóteles é grego e não é grego? Note que não há conexão alguma entre a conclusão, que aliás é falsa, e a premissa. Além disso, é certo que na prática ninguém raciocina dessa forma. Seria esse um argumento válido? Se utilizarmos o critério clássico de validade, a resposta é positiva.

Representando (1) na linguagem simbólica, temos $p \land \neg p \vDash q$. Todos os argumentos com essa forma são válidos, quaisquer que sejam as sentenças p e q. Esse é o princípio de inferência denominado *ex falso quodlibet* (*EFQ*), que em latim significa: "do falso qualquer coisa se segue". Tanto o critério da necessidade quanto o critério formal tornam *EFQ* um princípio de inferência válido. É impossível $p \land \neg p$ verdadeira e q falsa (critério de necessidade) e nenhuma atribuição de valores de verdade às sentenças p e q faz $p \land \neg p$ verdadeira e q falsa (critério formal). Mas note que isso ocorre justamente porque p e $\neg p$ não podem ser simultaneamente verdadeiras.

Podemos construir uma prova de *EFQ* a partir de inferências válidas na lógica clássica. Primeiro, considere o argumento:

(2) Aristóteles é grego. Logo, Aristóteles é grego ou $2 + 2 = 5$.

Muito embora dificilmente alguém fizesse uma inferência como (2), (2) é um argumento válido. Na linguagem simbólica, representamos (2) como $p \vDash p \vee q$. Se *p* é verdadeira, e considerando que para $p \vee q$ ser verdadeira basta uma das sentenças conectadas pela disjunção ser verdadeira, $p \vee q$ será também verdadeira. (2) é um exemplo do princípio de inferência denominado *introdução da disjunção*.

Outro princípio de inferência que precisamos para provar *EFQ* é chamado *eliminação da conjunção*.

(3) Aristóteles é grego e Descartes é francês. Logo, Aristóteles é grego.

De uma conjunção podemos concluir qualquer uma das sentenças conectadas pelo símbolo $\wedge$. De (3) podemos concluir que Aristóteles é grego e também que Descartes é francês – em símbolos, $p \wedge r \vDash p$ e $p \wedge r \vDash r$.

A prova de *EFQ* apresentada a seguir é conhecida desde a Idade Média. Essa prova usa também o princípio de inferência *silogismo disjuntivo* visto no capítulo 2. Repare que no lugar de "2 + 2 = 5" poderíamos colocar qualquer sentença.

1. Aristóteles é grego e   Premissa
   Aristóteles não é grego
2. Aristóteles é grego   Eliminação da ∧, linha 1
3. Aristóteles não é grego   Eliminação da ∧, linha 1
4. Aristóteles é grego ou   Introdução da ∨, linha 2
   2 + 2 = 5
5. 2 + 2 = 5   Silogismo disjuntivo, linhas 3 e 4

Justamente porque permite provar qualquer coisa a partir de uma contradição, *EFQ* é também denominado *princípio da explosão*. As chamadas *lógicas paraconsistentes* permitem lidar com contradições evitando o princípio da explosão.

Considere uma teoria que produz uma contradição. Em tal teoria, com *EFQ*, podemos provar todas as sentenças da linguagem que estamos usando. E não haveria interesse algum em uma teoria na qual, para qualquer sentença *p*, podemos provar *p* e também sua negação ¬*p*. E, de fato, a ocorrência de contradições em uma teoria, como também no discurso da vida cotidiana, costuma ser indício de que há algo errado.

Entretanto, há situações em que não podemos simplesmente rejeitar as contradições. Um exemplo são os dilemas morais. Considere aquele que é apresentado por Sartre no texto *O existencialismo é um humanismo* (Coleção Os Pensadores, Abril), o caso do jovem francês que cuidava da mãe e que já havia perdido o único irmão na guerra. Tal jovem estava diante da seguinte escolha: ficar junto da mãe, que dele precisava, ou se alistar para combater a ocupação nazista. O dilema surge porque, do ponto de vista moral, o jovem tem duas obrigações conflitantes: se alistar, que implica em não permanecer com a mãe, e permanecer com a mãe, que implica em não se alistar.

Além dos dilemas morais, há outras situações em que pode ser preciso lidar com contradições. Imagine um investigador que trabalha com depoimentos de dois suspeitos de um crime. Os depoimentos se contradizem; portanto, do ponto de vista da lógica clássica, um dos dois deve ser falso. Mas o investigador precisa, ainda que provisoriamente, acatar ambos como verdadeiros para prosseguir com a investigação e encontrar, se possível, evidências que confirmem um depoimento e falsifiquem o outro. O investigador precisa lidar com sentenças contraditórias, mas nem por isso pode concluir qualquer coisa. Para lidar com uma situação como essa de modo rigoroso, é preciso um tratamento da noção de consequência lógica que rejeite, pelo menos em certas circunstâncias, o princípio *EFQ*. E é justamente isso o que fazem as lógicas paraconsistentes.

Dica: Para saber mais, leia o verbete "Lógica paraconsistente", de Walter Carnielli, na *Enciclopédia de termos lógico-filosóficos*, já citada, e o artigo de Décio Krause no endereço http://criticanarede.com/html/log_paraconsistente.html. Nos dois textos você encontra também várias referências, caso queira estudar mais o tema. Sobre dilemas morais, ver http://plato.stanford.edu/entries/moral-dilemmas/.

3.2. Validade e forma – uma crítica

Há argumentos que a lógica clássica considera inválidos, mas que, pela noção intuitiva de validade, deveriam ser considerados válidos. Um exemplo:

(4) Este objeto é vermelho. Logo, este objeto é colorido.

De acordo com o critério da necessidade, (4) seria um argumento válido porque é impossível a premissa ser verdadeira e a conclusão falsa. Note, além disso, que a premissa é relevante para a conclusão e que a conclusão não é uma verdade lógica. Há em (4) uma conexão necessária entre premissa e conclusão. Contudo, pelo critério formal adotado pela lógica clássica, (4) é inválido porque não tem uma forma válida. Note que os predicados "x é vermelho" e "x é colorido", como também a expressão "este objeto", não são expressões lógicas, logo, não fazem parte da forma lógica de (4). Vamos dar o nome a ao objeto designado pela expressão "este objeto" e representar os predicados "x é vermelho" e "x é colorido" respectivamente por Vx e Cx. Usando a linguagem simbólica, temos:

(5) Va ⊨ Ca.

Claramente, (5) não tem uma forma válida. É muito fácil mudarmos a interpretação de *a*, *Vx* e *Cx* de modo a obter um argumento inválido. Basta considerar que *a* é um nome de Aristóteles e que *Vx* e *Cx* representam os predicados "*x* é filósofo" e "*x* é francês":

(6) Aristóteles é filósofo. Logo, Aristóteles é francês.

O argumento (6) tem a mesma forma de (4), mas a premissa é verdadeira e a conclusão, falsa. (4) satisfaz o critério de necessidade, mas não satisfaz o critério formal. Tais critérios, portanto, não são equivalentes.

Mas como tratar de modo mais preciso a noção de necessidade presente na caracterização de validade em virtude da necessária preservação da verdade? Podemos aqui recorrer à noção de *mundos possíveis*, uma ideia que tem origem no filósofo alemão Leibniz (1646--1716). Um mundo possível não é uma "realidade paralela", ou um mundo "existente em outra dimensão", mas apenas um conceito que permite expressar a ideia intuitiva de que algumas sentenças verdadeiras poderiam ser falsas, e algumas sentenças falsas poderiam ser verdadeiras. Dada uma sentença *p*,

> *p* é necessária se, e somente se, *p* é verdadeira em todos os mundos possíveis,
> *p* é possível se, e somente se, *p* é verdadeira em algum mundo possível.

Com o auxílio dessas noções, podemos definir o que é uma verdade *contingente*:

> *p* é contingente se, e somente se, *p* é verdadeira no mundo real, mas *p* é falsa em algum mundo possível.

Isso ficará mais claro com os exemplos abaixo:

(7) A Espanha venceu a Copa de 2010.
(8) $2 + 3 = 5$.

As sentenças (7) e (8) são verdadeiras, mas (7) poderia ser falsa. Podemos conceber uma situação, isto é, um mundo possível, onde não foi a Espanha, mas sim o Brasil que venceu a Copa de 2010. (7) não é uma verdade necessária, mas sim contingente: é verdadeira no mundo real, mas falsa em algum mundo possível. Por outro lado, é inconcebível uma situação em que a soma de 2 e 3 não seja 5 – a menos que algum gênio maligno esteja nos enganando. Usando a noção de mundos possíveis, dizemos que (8) é verdadeira em todos os mundos possíveis, uma verdade necessária.

Vamos passar agora às sentenças (9) e (10):

(9) O Brasil venceu a Copa de 2010.
(10) 2 + 3 = 4.

Ambas são falsas, mas apenas (10) é necessariamente falsa. (9), apesar de falsa, é possível, pela mesma razão que (7) é verdadeira mas não é necessária. Dizemos então que em nenhum mundo possível a soma de 2 e 3 é 4 e em algum mundo possível o Brasil venceu a Copa de 2010.

Podemos agora compreender melhor a noção de validade do critério da necessidade e reformulá-lo do seguinte modo:

Critério da necessidade (reformulado): um argumento é válido quando em todos os mundos possíveis em que as premissas são verdadeiras, a conclusão também é verdadeira – ou de modo equivalente, não existe um mundo possível em que as premissas sejam verdadeiras e a conclusão falsa.

Vamos retornar agora ao argumento (4), que para a lógica clássica é inválido. Segundo o critério da necessidade, (4) é válido porque não existe um mundo possível em que um objeto seja vermelho sem ser colorido. Uma das consequências da adoção dessa noção de validade, que não é caracterizada em virtude da forma, é que validade não depende mais das expressões lógicas da linguagem. A distinção entre termos lógicos e não lógicos deixa de ser essencial.

Dicas: As noções de necessidade e possibilidade são estudadas pelas lógicas modais. Uma boa introdução ao tema é a seção 18.3 do livro de Cezar Mortari, já citado. Leia também o capítulo 10 do livro de Susan Haack, já citado, e o verbete da *Stanford*, http://plato.stanford.edu/entries/logic-modal/. O leitor mais atento possivelmente percebeu que, ao definir validade como verdade em todos os mundos possíveis, consideramos que uma *circunstância* é um mundo possível, e não uma interpretação e um domínio de discurso. É precisamente essa a ideia que encontramos nos textos de Greg Restall e J. C. Beal sobre *pluralismo lógico*. Validade é definida como verdade em todos os *casos* (i.e., circunstâncias), e diferentes especificações do que é um caso produzem diferentes conceitos de validade. Para saber mais, leia o texto *Logical Pluralism*, de Restall & Beal, disponível em http://consequently.org/writing/logical_pluralism/.

3.3. Lógicas livres

Vamos agora examinar com um pouco mais de atenção dois pressupostos assumidos pela lógica clássica: que o domínio de discurso não pode ser vazio e que todos os nomes da linguagem denotam.

A exigência de que o domínio não seja vazio causa algum incômodo porque, em princípio, a lógica não deveria responder a questões acerca da *existência* de objetos. É como se a lógica, desde o início, descartasse a alternativa de nada existir. Mas é plausível a tese segundo a qual não deve ser um problema da lógica se existem um, dois, infinitos objetos, ou se não existe nada afinal.

Uma consequência estranha do pressuposto de que todos os nomes denotam é que, para qualquer nome *a*, $\exists x(x = a)$ é uma verdade lógica. Pois essa sentença diz que existe algo no domínio de discurso que é igual ao indivíduo nomeado por *a*. Mas, se é assumido que todos os nomes denotam, então $\exists x(x = a)$ nunca poderá ser falsa. O problema é que a existência de indivíduos não é necessária. Os lógicos usam as letras *a*, *b*, *c*... como nomes porque isso é mais prático, assim como usamos *1*, *2*, *3*... no lugar de "um", "dois", "três" porque seria muito mais trabalhoso fazer contas com os numerais escritos por extenso. Mas não há nada errado em escrever por exemplo $\exists x(x = Aristóteles)$. O problema é que essa sentença é uma verdade lógica e, portanto, necessária. Mas a existência de Aristóteles não deveria ser uma verdade necessária, pois é perfeitamente possível que Aristóteles nunca tivesse existido.

As chamadas *lógicas livres* evitam esse problema. A expressão "lógica livre" significa "lógica livre de pressupostos existenciais". Exigir, como faz a lógica clássica, que todos os nomes correspondam a indivíduos do domínio é um pressuposto existencial. Falamos em lógicas livres, no plural, porque não temos apenas uma, mas sim uma família de lógicas livres.

Há situações em que podemos querer lidar com nomes vazios. Considere Ulisses (ou Odisseu), personagem da *Odisseia*, atribuída ao poeta grego Homero. Não se pode afirmar com certeza se Homero relata acontecimentos reais, se a *Odisseia* é uma obra de ficção ou em que medida o que é relatado por Homero mistura história e ficção. Na verdade, não se pode afirmar com certeza nem mesmo que Homero existiu. Mas podemos querer dizer coisas sobre Ulisses, por exemplo, que ele participou do cerco a Troia ou que lutou ao lado de Aquiles. Se adotamos a lógica clássica, $\exists x (x = Ulisses)$ é uma verdade lógica, mesmo sem sabermos se Ulisses de fato existiu ou não.

Nas lógicas livres, sentenças como $\exists x(x = a)$ não são mais verdadeiras para todo nome *a*. Podemos dizer coisas como "Sherlock Holmes não existe", isto é, $\neg \exists x(x = Sherlock\ Holmes)$. Na lógica clássica, não podemos fazer isso porque nomes como "Sherlock Holmes", que não correspondem a indivíduo algum, não são aceitos.

Problemas similares ocorrem com sentenças de identidade. A sentença "Aristóteles = Aristóteles" é verdadeira, o que na lógica clássica ocorre para toda sentença do tipo $a = a$. Mas o que fazer com sentenças como "o quadrado redondo = o quadrado redondo" e "Sherlock Holmes = Sherlock Holmes", que dizem que uma coisa que não existe é igual a si mesma? As lógicas livres permitem tais sentenças e, dependendo do valor de verdade a elas atribuído, temos lógicas de diferentes tipos. Lógicas livres *positivas* consideram verdadeira a sentença "Sherlock Holmes = Sherlock Holmes", e *negativas* a consideram falsa. Mas há também a alternativa de rejeitar o princípio da bivalência e considerar que sentenças com nomes vazios não têm valor de verdade – exceção feita a sentenças do tipo "a existe", que são verdadeiras ou falsas em virtude do nome a ser ou não vazio. Nesse caso, temos uma lógica livre *neutra*.

Além de aceitar nomes vazios, lógicas livres podem também rejeitar o pressuposto de que o domínio de discurso não pode ser vazio. Tais lógicas são denominadas *universalmente livres*. Em lógicas universalmente livres, ao contrário da lógica clássica, a sentença:

(11) Existe um indivíduo idêntico a si mesmo,

na linguagem simbólica, $\exists x(x = x)$, não é uma verdade lógica, pois, se o domínio for vazio, (11) será falsa. Assim, é evitada a objeção, feita à lógica clássica, de que não cabe à lógica fazer afirmações acerca da existência de objetos. Mas note que podemos aceitar nomes vazios sem simultaneamente assumirmos um domínio vazio. Podemos ter nomes como "Pégaso", que não correspondem a coisa alguma, e mesmo assim (11) ser verdadeira, se o domínio de discurso tiver pelo menos um indivíduo. Por outro lado, se o domínio for vazio, é evidente que os nomes da linguagem serão vazios, pois nesse caso não há nada no domínio para eles denotarem.

Dicas: Infelizmente, há muito pouco material sobre lógicas livres em português. Se você quiser conhecer mais a respeito do assunto, leia o verbete "Free

Logic" da *Stanford*, disponível em http://plato.stanford.edu/entries/logic-free/. O uso de "Ulisses" como um nome próprio que possivelmente não denota foi inspirado no exemplo dado por Frege no célebre artigo "Sobre o sentido e a referência", um texto obrigatório para quem estiver interessado em lógica e filosofia da linguagem. Esse e outros textos de Frege estão disponíveis em português, traduzidos por Paulo Alcoforado (*Lógica e filosofia da linguagem*, São Paulo: Cultrix).

3.4. Bivalência e vagueza

Não somente na linguagem natural mas também na linguagem das ciências ocorrem predicados vagos. Um predicado é vago quando não podemos determinar, para todo indivíduo do domínio de discurso, se tal indivíduo satisfaz ou não satisfaz esse predicado. O exemplo mais comum de predicado vago é "x é calvo". Se considerarmos que o domínio de discurso é o conjunto dos seres humanos, há indivíduos que não podem ser considerados calvos mas também não podem ser considerados não calvos. Isso porque não há um limite bem definido entre ser calvo e não ser calvo. Por outro lado, ainda que a lógica clássica não tenha recursos para tratar adequadamente predicados como "x é calvo", isso não é motivo para que a indústria farmacêutica deixe de fazer pesquisas e produzir tratamentos para a calvície. Não podemos simplesmente ignorar os predicados vagos nem eliminá-los da linguagem.

O seguinte problema, que tem origem no predicado vago "x é um monte de areia", é conhecido desde a Antiguidade grega e é denominado *paradoxo Sorites*. Considere um monte com 100.000 grãos de areia. Você certamente concorda que, se retirarmos apenas um grão de um monte de areia, um monte de areia continua sendo um monte de areia. Mas podemos repetir esse procedimento até que sobre apenas 1 grão de areia, e não teremos mais um monte de areia. Vejamos com mais atenção esse argumento:

100.000 grãos de areia são um monte de areia.
Se 100.000 grãos de areia são um monte de areia, 99.999 grãos de areia são um monte de areia.

Se 99.999 grãos de areia são um monte de areia, 99.998 grãos de areia são um monte de areia.

...

Se 2 grãos de areia são um monte de areia, 1 grão de areia é um monte de areia.

Logo, 1 grão de areia é um monte de areia.

O argumento acima funciona da seguinte forma. Use *modus ponens* na primeira e na segunda premissas e você obterá a sentença "99.999 grãos de areia são um monte de areia". Agora, você tem o antecedente da terceira premissa, e pode aplicar *modus ponens* novamente e obter a sentença "99.998 grãos de areia são um monte de areia". Repita o procedimento até obter a sentença "1 grão de areia é um monte de areia". Temos um argumento em que presumivelmente todas as premissas são verdadeiras, mas a conclusão é evidentemente falsa. Exemplos como esse mostram que a bivalência é um princípio que pode ser colocado em questão. Pois, se a bivalência for assumida, em algum ponto da série de condicionais "se *n* grãos de areia são um monte de areia, *n* – *1* grãos de areia são um monte de areia", deveremos ter uma condicional falsa. Mas essa passagem de um monte de areia para um simples punhado de areia que não constitui um monte de areia não pode ser determinada em função de determinado número de grãos.

Uma das maneiras de tratar o problema da vagueza é atribuir a sentenças valores intermediários entre o verdadeiro e o falso. Isso é feito pelas lógicas *multivaloradas*. Considere novamente o predicado "x é calvo". Além dos valores *verdadeiro* e *falso*, podemos atribuir um valor *indeterminado* para todos os casos em que não há como determinar se o indivíduo em questão é ou não calvo. Essa alternativa, entretanto, pode não ser a mais adequada, pois novamente podemos perguntar por um limite rígido entre o valor *verdadeiro* e o *indeterminado*, por exemplo, entre ser verdadeiro e ser indeterminado que um dado indivíduo é calvo.

Outra alternativa para tratar predicados vagos, em princípio mais plausível, é usar a *lógica difusa*, um determinado tipo de lógica multivalorada. Considere que 1 representa o verdadeiro e 0 o falso. Atribuir 1 a uma sentença p significa que p é verdadeira e 0 que p é falsa. Entre 0 e 1 temos *graus* de verdade, e podemos atribuir a uma sentença qualquer número real entre 0 e 1. É como se 1 fosse atribuído a uma sentença 100% verdadeira, 0 a uma 0% verdadeira, e entre 0 e 1 está disponível qualquer número real. Temos assim um *contínuo* de valores de verdade e podemos expressar qualquer processo de mudança, por mais suave e progressivo que seja.

> **Dicas:** Para saber mais, leia a seção sobre lógica difusa no capítulo 9 do livro da Susan Haack, já citado. Leia também os verbetes da *Stanford*: http://plato.stanford.edu/entries/logic-fuzzy/ e http://plato.stanford.edu/entries/vagueness/.

3.5. Lógica intuicionista

Na lógica clássica, o princípio do terceiro excluído pode sempre ser usado em inferências. Por exemplo, dadas as premissas:

Se o presidente demite o ministro, perde popularidade,
Se o presidente não demite o ministro, perde popularidade,

podemos pressupor, baseado no terceiro excluído, que ou o presidente demite o ministro ou o presidente não demite o ministro. Concluímos então que:

O presidente perde popularidade.

Representamos na linguagem simbólica o argumento acima do seguinte modo:

(12) $p \to q, \neg p \to q \vDash q$.

Todo argumento com a mesma forma de (12) é válido na lógica clássica. Por outro lado, na lógica intuicionista (12) não é um princípio de inferência válido porque nem toda sentença do tipo $p \vee \neg p$ é verdadeira. Mas por que a lógica clássica aceita o terceiro excluído enquanto a intuicionista o rejeita? Há razões para tal rejeição, que envolvem questões sobre a natureza do conhecimento matemático.

A ideia subjacente à adoção do terceiro excluído pela lógica clássica é que uma dada sentença é verdadeira ou falsa independentemente de sabermos seu valor de verdade. Uma sentença representa o mundo de um certo modo e será verdadeira caso o mundo seja desse modo, e falsa, caso contrário. A noção de verdade é assim concebida como uma relação entre sentenças e uma realidade não linguística que é independente da mente e do conhecimento humano. Segundo essa visão, a verdade de uma sentença não é construída, mas sim *descoberta*. A sentença "metais conduzem eletricidade", por exemplo, é verdadeira devido a características objetivas da natureza. Antes de existirem seres humanos, já era verdade que metais conduzem eletricidade, e isso continuará sendo verdadeiro mesmo no dia em que não existirem mais seres humanos.

Essa concepção *realista* da noção de verdade à primeira vista pode parecer óbvia para o senso comum. Entretanto, no caso de sentenças da matemática, a situação é mais complicada. O problema pode ser formulado do seguinte modo: as sentenças verdadeiras da matemática são *descobertas* ou são *construídas* pela mente humana? Ainda que possamos ter um impulso inicial para afirmar que são descobertas, e que sentenças verdadeiras da matemática foram e serão sempre verdadeiras independentemente dos seres humanos, sustentar uma posição realista nos termos acima expostos em relação a entidades matemáticas não é tão simples como no que diz respeito a coisas localizadas no espaço-tempo. Pois tal posição realista implica na aceitação de uma realidade paralela e imaterial, um *mundo suprassensível* onde estariam as entidades matemáticas, independentemente de serem conhecidas pela mente humana. A situação se torna ainda mais delicada para problemas matemáticos não resolvidos, pois onde estariam as entidades que tornam verdadeiras as sentenças da matemática cujo valor de verdade não sabemos?

O matemático intuicionista sustenta que o que torna verdadeira uma sentença da matemática não é uma entidade existente em um mundo suprassensível mas sim a *construção* de uma *prova* ou *demonstração* de tal sentença. Porém há problemas matemáticos que não têm até o presente momento uma solução. O exemplo habitual é a chamada conjectura de Goldbach, segundo a qual todo número inteiro e par maior que 2 é igual à soma de dois primos. É um bom exercício tentar encontrar, para cada número par maior que 2, dois números primos que somados resultam em tal número par. Vejamos: $4 = 2 + 2, 6 = 3 + 3, 8 = 5 + 3$,

10 = 3 + 7, 12 = 5 + 7, e assim por diante. Até onde podemos ir, sempre encontraremos os dois primos. Mas, evidentemente, não podemos provar a conjectura de Goldbach percorrendo todo o conjunto de números naturais e testando todos os números pares.

Considere que G representa a sentença "todo número inteiro e par maior que 2 é igual à soma de dois números primos". Até hoje não foi encontrada uma demonstração de G, mas não foi encontrado também um contraexemplo para G, isto é, um número par maior que 2 que não seja igual à soma de dois primos, o que seria uma prova de $\neg G$. Estaríamos autorizados, nesse caso, a afirmar que $G \vee \neg G$ é uma sentença verdadeira? O matemático intuicionista sustenta que não. Para o intuicionista, uma dada sentença p é verdadeira somente se existe uma prova construtiva de p, que é uma prova de p que utiliza apenas os princípios de inferência válidos na lógica intuicionista. Da mesma forma, podemos afirmar $\neg p$ somente se tivermos uma prova construtiva de que pressupor p nos leva a uma contradição. No caso de G, não temos nem uma coisa nem outra.

A lógica intuicionista, embora hoje seja estudada por motivações independentes, surgiu como a lógica subjacente à matemática intuicionista, uma concepção construtiva da matemática que teve origem nas ideias do matemático holandês L. E. J. Brouwer (1881-1966). A ideia básica de Brouwer era que a matemática lida com construções mentais. Sentenças da matemática não seriam descobertas, mas sim construídas pela mente humana. Sendo assim, não faz sentido falar de verdade ou falsidade de determinada sentença da matemática independentemente do nosso conhecimento acerca de tal sentença. Para Brouwer, somente podemos dizer que uma sentença p é verdadeira se temos uma prova construtiva de p.

Apesar de essa concepção ter um caráter idealista que para alguns pode ser indesejável, veremos que há um apelo forte na exigência de provas construtivas na matemática, provas nas quais o terceiro excluído (e princípios equivalentes) não pode ser utilizado.

Você certamente sabe o que são números racionais e números irracionais, mas não custa lembrar. Números racionais podem ser expressos na forma de frações de números inteiros, ao contrário dos irracionais.

Exemplos de números racionais são 3/16, 0,333... e 1,25. Note que dízimas periódicas são também números racionais: 0,333... = 1/3. Exemplos de números irracionais são π e $\sqrt{2}$. Considere a sentença "existem números irracionais a e b tais que a^b é racional". Classicamente, essa sentença pode ser demonstrada da seguinte forma:

Premissas: (i) $\sqrt{2}$ é irracional;
(ii) $\sqrt{2}^{\sqrt{2}}$ é racional ou $\sqrt{2}^{\sqrt{2}}$ é irracional.

Sabemos que a premissa (i) é verdadeira porque sabemos que $\sqrt{2}$ é irracional. A premissa (ii) é uma instância do princípio do terceiro excluído, portanto verdadeira, se adotamos a lógica clássica. Mas, se (ii) é verdadeira, temos duas alternativas: ou $\sqrt{2}^{\sqrt{2}}$ é racional, ou $\sqrt{2}^{\sqrt{2}}$ é irracional. Com as escolhas adequadas para os números a e b, provamos que existem números irracionais a e b tais que a^b é racional.

(1) Suponha que $\sqrt{2}^{\sqrt{2}}$ é racional. Nesse caso, fazemos $a = b = \sqrt{2}$ e temos os números irracionais a e b tais que a^b é racional.

(2) Suponha que $\sqrt{2}^{\sqrt{2}}$ é irracional. Agora, fazemos $a = \sqrt{2}^{\sqrt{2}}$ e $b = \sqrt{2}$. Pela suposição de que $\sqrt{2}^{\sqrt{2}}$ é irracional, ambos são irracionais. a^b é $(\sqrt{2}^{\sqrt{2}})^{\sqrt{2}} = (\sqrt{2})^2 = 2$, que é racional, e temos os números irracionais a e b tais que a^b é racional.

O problema dessa prova é que ficamos sem saber de fato quais são os números a e b irracionais tais que a^b é racional. A prova estabelece a existência de números sem fornecer uma maneira efetiva de *construir* tais números. Em outras palavras, trata-se de uma prova não construtiva e que não é aceita por um intuicionista. É importante enfatizar que a prova acima depende essencialmente da premissa (ii), que é uma instância do princípio do terceiro excluído.

Dicas: Você pode ler mais sobre lógica intuicionista no capítulo 4 do livro de Jairo José da Silva, *Filosofias da matemática*, no capítulo 2 do livro de Newton da Costa, recentemente reeditado, *Introdução aos fundamentos da matemática*, e na seção 18.5.2 do livro de Cezar Mortari, já citado. Há também vários verbetes sobre intuicionismo na *Stanford*.

3.6. Considerações finais

Vimos neste capítulo que há importantes questões filosóficas relacionadas à aceitação ou não dos princípios que fundamentam a lógica clássica. Há lógicas que rejeitam o princípio da bivalência (lógicas multivaloradas), que lidam com contradições evitando o princípio da explosão (lógicas paraconsistentes), que rejeitam os pressupostos da lógica clássica de que todos os nomes denotam e o domínio de discurso não pode ser vazio (lógicas livres) e a lógica intuicionista, que rejeita o princípio do terceiro excluído. Tais lógicas oferecem diferentes tratamentos da noção de consequência lógica.

Um dos meus objetivos aqui foi mostrar ao leitor que a lógica, ao contrário do que algumas vezes se supõe, não é uma disciplina finalizada, dogmática e com resultados indiscutíveis. Muito pelo contrário. Mas é certo que a abordagem foi apenas introdutória, e, aliás, não poderia ser diferente. O leitor interessado nos temas aqui abordados encontrará uma vasta produção bibliográfica recente, embora a maior parte dela não esteja em português. Mas ainda assim há importantes trabalhos em português, que foram mencionados no decorrer do texto. Lembro, por fim, que no endereço https://sites.google.com/site/logicaetc/livro você encontra diversos links e material sobre os temas aqui tratados.

EXERCITANDO A REFLEXÃO

A lógica é uma disciplina que você só aprende se fizer exercícios. Mesmo para trabalhar os aspectos filosóficos da lógica você precisa de um mínimo de preparo técnico. E é bastante fácil encontrar exercícios de lógica – no livro de Cezar Mortari, por exemplo, há vários, mas para fazê-los você vai precisar estudar os conteúdos dos respectivos capítulos. Outros dois livros em português com muitos exercícios de lógica são *Lógica: um curso introdutório*, de Newton-Smith, e *Introdução à lógica*, de Irving Copi. Especialmente o livro do Copi é muito fácil de achar. Em ambos há exercícios de análise de argumentos tanto na linguagem natural quanto na simbólica. No *site* deste livro, https://sites.google.com/site/logicaetc/livro, você também encontra vários argumentos para análise. A seguir, são propostas algumas questões para discussão que envolvem problemas filosóficos relacionados à lógica.

Podemos considerar que a lógica é uma teoria que lida com determinado problema. Dada uma sentença *A* e um conjunto de sentenças P, a lógica quer estabelecer critérios e métodos para responder à seguinte pergunta: *A* é consequência lógica de P? Mas então cabe perguntar: essa teoria é uma teoria sobre o quê? Sobre a realidade, sobre o conhecimento humano ou sobre a linguagem? Em outras palavras, a lógica tem caráter ontológico, epistemológico ou linguístico? Ou em que medida esses três aspectos são combinados? Essa é uma questão central da filosofia da lógica. Uma boa apresentação do problema, com viés histórico, você encontra no capítulo 1 do livro de Tugendhat & Wolf, *Propedêutica lógico-semântica*, e uma discussão mais avançada na introdução do livro *Logical Forms*, de Oswaldo Chateaubriand. A seguir, algumas questões para discussão:

(i) Você acha que o princípio da não contradição é um princípio sobre a realidade, sobre o conhecimento humano ou sobre a linguagem? Acatar, por exemplo, lógicas paraconsistentes implica em acatar também uma visão ontológica do princípio da não contradição?

(ii) Vimos que a lógica intuicionista rejeita o princípio do terceiro excluído. Você acha correto afirmar que a lógica clássica tem uma abordagem ontológica, ao passo que a lógica intuicionista aborda o problema da consequência lógica do ponto de vista epistemológico?

(iii) Há diferentes maneiras de tratar a noção de consequência lógica, em virtude dos princípios fundamentais que são adotados. Mas será que devemos aceitar uma diversidade de sistemas lógicos ou buscar, dentre eles, aquele que seria a lógica correta? Seria plausível considerar que diferentes lógicas são adequadas a diferentes propósitos? Aceitar o pluralismo lógico implica em aceitar uma posição relativista acerca da verdade? Por quê?

DICAS DE VIAGEM

A seguir, algumas sugestões de livros e *sites* que você pode utilizar para estudar lógica:

Abordagens mais técnicas você encontra nos seguintes livros:

COPI, I. *Introdução à lógica*. São Paulo: Mestre Jou, 1978.

IMAGUIRE, G.; BARROSO, C. A. C. *Lógica: os jogos da razão*. Fortaleza: Ed. da UFC, 2006.

MORTARI, C. *Introdução à lógica*. São Paulo: Ed. da Unesp, 2001.

NEWTON-SMITH, W. H. *Lógica: um curso introdutório*. Lisboa: Gradiva, 1998.

Abordagens que enfatizam aspectos filosóficos e conceituais da lógica:

CHATEAUBRIAND, O. *Logical Forms*. Campinas: Unicamp. Coleção CLE, 2001-2005. 2 v.

COSTA, N. da. *Ensaio sobre os fundamentos da lógica*. São Paulo: Hucitec, 1979.

———. *Introdução aos fundamentos da matemática*. São Paulo: Hucitec, 2008.

HAACK, S. *Filosofia das lógicas*. São Paulo: Ed. da Unesp, 2002.

SILVA, J. J. da. *Filosofias da matemática*. São Paulo: Ed. da Unesp, 2007.

TUGENDHAT, E.; WOLF, U. *Propedêutica lógico-semântica*. Rio de Janeiro: Vozes, 2005.

Sobre lógica e argumentação:

CARNIELLI, W.; EPSTEIN, R. *Pensamento crítico*. São Paulo: Rideel, 2010.

A seção de lógica e argumentação da revista eletrônica *Crítica na Rede*, http://criticanarede.com/logica.html.

Apresentações da lógica bastante acessíveis e dirigidas a alunos do Ensino Médio você encontra no livro de A. Almeida et al., *A arte de pensar* (Lisboa: Didáctica Editora, 2004), e também na seção "Verdade e validade" dos módulos didáticos de filosofia, na página do Centro de Referência Virtual do Professor da Secretaria de Educação de Minas Gerais, em http://crv.educacao.mg.gov.br/.

Duas obras de referência são:
KNEALE, W.; KNEALE, M. *O desenvolvimento da lógica*. Lisboa: Calouste, 1991.
MURCHO, D. et al. *Enciclopédia de termos lógico-filosóficos*. São Paulo: Martins Fontes, 2006.

Obras que não são exatamente sobre lógica, mas ilustram muito bem o papel central da lógica na chamada filosofia analítica:
COSTA, C. *Uma introdução contemporânea à filosofia*. São Paulo: Martins Fontes, 2002.
──────. *Filosofia da linguagem*. Rio de Janeiro: Zahar, 2002.
MARCONDES, D. *Filosofia analítica*. Rio de Janeiro: Zahar, 2004.

Revistas brasileiras disponíveis *on-line*, onde se encontram textos sobre lógica e epistemologia, são a *Principia*, da Universidade Federal de Santa Catarina, http://www.cfh.ufsc.br/~principi/ind-p.html, e a *Manuscrito*, da Universidade de Campinas, http://www.cle.unicamp.br/manuscrito/

Também na Universidade de Campinas está o Centro de Lógica e Epistemologia (CLE), em http://www.cle.unicamp.br/index.php/

No *site* do CLE você encontra as publicações da Coleção CLE, que incluem livros de lógica e epistemologia, e também textos da revista eletrônica *CLE e-Prints*, *site* http://www.cle.unicamp.br/e-prints/

Cabe mencionar que os lógicos brasileiros ocupam um lugar de destaque no estudo das lógicas paraconsistentes. Além dos trabalhos pioneiros de Newton da Costa, há uma vasta e importante produção em lógica e filosofia da lógica, com ênfase em lógicas não clássicas, no Centro de Lógica e Epistemologia da Unicamp.

Por fim, duas fontes inestimáveis para estudantes e professores de filosofia são a *Stanford Encyclopedia of Philosophy*, em http://plato.stanford.edu/contents.html, e a *Internet Encyclopedia of Philosophy*, em http://www.iep.utm.edu/.